Einfach erklärt:
Als Autor mit Amazon CreateSpace
Bücher im Selbstverlag veröffentlichen

Einfach erklärt:
Als Autor mit
Amazon CreateSpace
Bücher *im Selbstverlag*
veröffentlichen

H. Langenkamp

Copyright © 2012 Heike Langenkamp, Autorin
Autorenseite: **http://www.amazon.de/-/e/B008WC9YVY**
Kontakt: **books@miradea.de**
Blog: **http://dieimwaldlebt.de**
Bücher: http://books.dieimwaldlebt.de

2. Auflage 2012

ISBN-13: 978-1479172016
ISBN-10: 1479172014

Redaktionelle Verarbeitung und Publizierung:
V-E-T Agentur, Verlag & Digitales
Am Handweiser Berg 9, 21371 Ventschau
verlag@v-e-t.de

Alle Rechte, insbesondere das Recht der Vervielfältigung und Verbreitung sowie der Übersetzung liegen der Autorin. Kein Teil des Werkes darf in irgendeiner Form (durch Fotokopie, Mikrofilm oder ein anders Verfahren) ohne schriftliche Genehmigung des Verlages reproduziert werden oder unter Verwendung elektronischer Systeme verarbeitet, vervielfältigt oder verbreitet werden.

Inhaltsverzeichnis

Einleitung 7
Amazon CreateSpace: Die Anmeldung..9
Buch mit Amazon CreateSpace veröffentlichen 11
Sonderzeichen in Titel und Beschreibung richtig codieren 16
ISBN? 18
Buchformat und Innenleben 20
Die Wordvorlage für Ihr Buch 22
Aufbau des Buch-Innenlebens 24
Automatisches Inhaltsverzeichnis erstellen 26
Ihr Buch konvertieren..27
Ihr Buch bei CreateSpace hochladen 29
Das Cover 32
Das Cover hochladen 35
Zahlungseinstellungen...38
Payment Information 39
Tax & Business Information 40
Verkaufspreis und Gewinn ermitteln (Distribute)............................41
    Vertriebskanäle festlegen (Distribute –> Channels) 41
    Preise festlegen und Gewinn ermitteln (Distribute –> Pricing) ...43
Die Beschreibung (Distribute –> Description) 45
Überprüfung und Freigabe (File Review - Proof Your Book)..........48
Kindle Version erstellen (Publish On Kindle) 50
Belegexemplare bestellen...51
Abschluss 52

Einleitung

Noch hat es sich nicht überall herum gesprochen, auch wenn die Nachricht in der Presse Wellen geschlagen hat: Seit Mai 2012 können Sie als Autor über Amazon CreateSpace ihre Werke im Eigenverlag als Buch drucken und über Amazon verkaufen lassen. Dazu brauchen Sie keine eigene ISBN, keinen Verlag und noch wichtiger: keinen müden Cent.

Alles was Sie brauchen, ist einen Text, den Sie veröffentlichen möchten und das dazu passende Cover. Den Rest macht Amazon für Sie: den Druck, die Bindung, den Verkauf. Haben Sie sich einmal durch die Anmeldung und den Upload Ihrer Daten gewurschtelt, dann lehnen Sie sich zurück und warten auf Ihre ersten Einnahmen durch den Verkauf Ihres Buches.

Nun ja: Und genau hier ist das Problem. Das Angebot unter Amazon CreateSpace ist derzeit noch komplett in Englisch. Und auf den ersten Blick ziemlich verwirrend. Aber so schlimm ist das alles gar nicht. Ich möchte Ihnen mit dieser Anleitung helfen, sich Schritt für Schritt durch die Prozedur zu bewegen, damit Sie hoffentlich schnell Ihr eigenes Werk als gedrucktes Buch in der Hand halten. Nicht mehr und nicht weniger bietet Ihnen dieser Ratgeber. Ich nehme Sie an die Hand und gemeinsam gehen wir an Ihr Ziel.

Was Sie in diesem Ratgeber nicht finden: Unnütze Informationen und Statistiken. Berichte darüber, wie toll es ist, im Selbstverlag zu veröffentlichen. Wie viele Menschen irgendwo auf der Welt damit steinreich geworden sind. Und wie furchtbar die Verlage das alles finden. Ich schreibe in meinen Ratgebern nur eines:
Die Antwort auf die Frage „Wie geht das?"

Dieser Ratgeber wird – wie alle meine bisherigen und zukünftigen Ratgeber auch – jeweils als Amazon Kindle E-Book und natürlich auch als Printversion über Amazon CreateSpace angeboten.

Sollten Sie sich für die günstigere E-Book-Variante entscheiden, aber keinen Kindle haben, so ist das kein Problem. Amazon bietet auf der Seite http://amzn.to/SlV7xs für fast jede Plattform eine kostenlose Lesesoftware an. Damit können Sie das E-Book auch auf dem PC, dem Smartphone oder iPad lesen.

Amazon CreateSpace: Die Anmeldung

Auch wenn Sie bereits einen Amazon Account haben – damit haben Sie noch keinen Zugang zu Amazon CreateSpace. Auch nicht mit einem eventuell bereits vorhandenen KDP-Account (Kindle Direct Publishing Account). CreateSpace läuft getrennt von den anderen beiden Plattformen und Sie müssen sich also erst einmal registrieren. Dieses geschieht einmalig, wie bei KPD auch. Später werden dann alle Ihre Bücher in diesem einen Account verwaltet.
Wenn Sie Bücher unter verschiedenen Pseudonymen schreiben, dann können Sie diese auch unter ein und demselben Account veröffentlichen.

1. Rufen Sie die Seite www.createspace.com auf
2. Kicken Sie auf dem Button „Sign up"
3. Im Dialog „Create Account" müssen nun alle Felder ausgefüllt werden, die ein rotes Sternchen vor dem Beschreibungsfeld haben. Tragen Sie Ihre E-Mailadresse, 2 x das Passwort, Vorname und Nachname in die Textfelder ein. Wählen Sie unter Country „Germany" aus (das geht am schnellsten, wenn Sie das Aufklappmenü öffnen und ein paar mal die Taste „g" drücken, bis Sie auf Germany sind)
4. Wählen Sie im zweiten Aufklappmenü „Book" aus

5. Wenn Sie keine Mails über Neuerungen von CreateSpace erhalten möchten, dann klicken Sie den Haken bei „Send me Updates and Promotions" weg
6. Klicken Sie anschließend auf „Create My Account"
7. Nun erscheint ein Fenster mit „Service Agreement" – also den Benutzungsbedingungen. Diesen müssen Sie zustimmen – sonst ist keine Anmeldung möglich. Natürlich müsste ich Ihnen nun raten, diese auch durch zu lesen. Ich denke aber, das wissen Sie selber. Und trotzdem werden die meisten den Text nicht lesen. Also spare ich mir hier die Belehrung.
8. Amazon CreateSpace schickt eine E-Mail an das Mailkonto, das Sie auf der vorherigen Seite angegeben haben. In dieser ist ein Link, den Sie anklicken müssen. Damit ist Ihre Registrierung abgeschlossen. Diese Registrierung wird nur einmal durchgeführt.

Nun sind Sie also erfolgreich bei Amazon CreateSpace angemeldet und es kann losgehen mit dem ersten Buchprojekt.

Buch mit Amazon CreateSpace veröffentlichen

Schritt 1: Einen Titel anlegen
Wenn Sie sich bei CS (=Amazon CreateSpace, ab hier kürze ich den Begriff mit CS ab) anmelden/einloggen, dann erscheint das „Member Dashboard". Das ist Ihre Übersicht, in der Sie eine Liste aller Bücher und Verkäufe im In- und Ausland sehen. Noch ist die Liste leer. Also legen Sie nun ein neues Buchprojekt an.

1. Klicken Sie auf „Add new title"
2. Geben Sie unter 1 den Projektnamen/Buchtitel an.
3. Klicken Sie unter 2 auf den Kreis vor „Paperback"
4. Klicken Sie in der Zeile „Guided" auf „Get started". Wenn Sie mehr Erfahrungen haben, dann können Sie später auch die Expertenversion benutzen. Am Anfang rate ich Ihnen jedoch davon ab.

Unterschied Experten-/Guided-Version:

In der Guided-Version werden Sie Schritt-für-Schritt durch alle Dialoge geführt. In der Expertenversion haben Sie alle Dialoge auf einer Seite. Mit dieser Version arbeite ich persönlich eigentlich lieber. Allerdings hat die Guided-Version einen Vorteil: Wenn Sie das Interior (Innenleben

Ihres Buchs) hochgeladen haben, dann können Sie es sofort virtuell betrachten und kontrollieren, ob alles dort ist, wo es sein soll. In der Expertenversion fehlt diese Funktion. Hier können Sie erst virtuell in dem Buch blättern nachdem Amazon die Prüfung abgeschlossen hat. Und dass kann dauern. Sollten sich dann Fehler im Satz befinden, dann müssen Sie ein neues Innenleben hochladen und wieder warten, bis ein Mitarbeiter die Daten geprüft und zum Proof freigegeben hat.

Ich habe viele Notizbücher und Kalender über Amazon Createspace veröffentlicht. Hier war der Satz immer ein wenig knifflig, da in den Notizbüchern die Linien oder Karos bis zum Rand gehen sollen. Hier habe ich mir eine PDF-Vorlage erstellt und das erste Notizbuch dann mit der Guided-Version eingestellt. Erst wenn alles passte und ich das Notizbuch veröffentlichen konnte, dann habe ich für die weiteren den Expertenmodus benutzt, da sich immer nur das Cover und die ersten beiden Seiten (Titel und ISBN-Angabe) änderten und meiner Meinung nach der Expertenmodus schneller und übersichtlicher ist.

Eine Übersicht meiner Bücher, Kalender und Notizbücher finden Sie unter
http://books.dieimwaldlebt.de

Sie sind nun in dem ersten Fenster des Setups zu Ihrem Buch. In das Textfeld hat CS nun den Projektnamen eingefügt. Ich habe bei diesem Buch das Projekt *„Einfach erklärt: Als Autor mit Amazon CreateSpace Bücher im Selbstverlag veröffentlichen"* genannt. In diesem Titel ist ein Umlaut, den CS nicht versteht. Die Software wurde für den amerikanischen Markt programmiert und dort gibt es keine Umlaute. Deswegen müssen Umlaute im HTML-Format eingegeben werden. Für ein „ä" gebe ich also „ä" an, damit der Titel richtig verstanden wird.

Der komplette Titel heißt dann also:
Einfach erklärt: Als Autor mit Amazon CreateSpace Bücher im Selbstverlag veröffentlichen

Eine Liste alle aller Sonderzeichen mit dem dazu gehörigen HTML-Code finden Sie unter http://de.selfhtml.org/html/referenz/zeichen.htm Wenn Sie nicht genau wissen, welche Zeichen CS versteht und welche nicht, dann brauchen Sie sich dazu keine Sorgen machen. Geben Sie den gewünschten Buchtitel einfach erst einmal normal ein. Wir ändern ihn dann später noch einmal.

1. Tragen Sie unter „**Title**" wie bereits erwähnt den gewünschten Buchtitel ein
2. Unter „**Primary Author**" tragen Sie Ihren Namen oder Ihr Pseudonym ein. In dieser

Zeile muss nur das Feld „Last name" zwingend ausgefüllt werden. Alle anderen können Sie frei lassen. Ich gebe aber stets auch meinen Vornamen mit ein. Wenn ich einen Dr. hätte, dann würde ich auch diesen mit eingeben. Wie Sie es halten, das überlasse ich Ihnen.

3. Unter „**Add Contributors**" können Sie noch weitere am Buch beteiligte Personen eingeben. Zum Beispiel Illustrator, Fotografen etc.. Diese werden dann später auf der Amazon Produktseite auch mit aufgeführt.
4. Unter „**Subtitle**" geben Sie einen eventuellen Untertitel ein.
5. Unter „**Volumen Number**" können Sie eine Zahl angeben, wenn es sich bei Ihrem Buch um eine Serie – also einen Band einer Reihe – handelt. Diese Zahl wird später an den Titel angehängt und hat nichts mit der Ausgabe des Buchs zu tun. Handelt es sich bei Ihrem Buch um einen Einzeltitel, dann wählen Sie hier gar nichts aus.
6. Wenn Sie alles ausgefüllt haben, dann klicken Sie auf „**Save**" – NICHT auf „Save & Continue". Vorher wollen wir erst einmal den Text prüfen.

Nun prüfen Sie den Titel und die Beschreibung. Mit großer Wahrscheinlichkeit sehen Sie nun komische Zeichen im Text. Es sei denn, Sie haben es geschaffte, eine Beschreibung ganz ohne Sonderzeichen zu tippen. Aber das glaube ich nicht. Also sehen Sie in dem Text/Titel Karos mit einem Fragezeichen drin. Das heißt so viel wie „versteh' ich nicht".

Sonderzeichen in Titel und Beschreibung richtig codieren

Es gibt zwei Möglichkeiten, die Sonderzeichen in dem Text zu korrigieren. Sie können alle Zeichen manuell und einzeln ändern. Dazu nehmen Sie die Tabelle zur Hand, die Sie unter http://de.selfhtml.org/html/referenz/zeichen.htm finden, und ersetzten alle Karos durch den entsprechenden HTML-Code.

Oder Sie sind so faul wie ich. Dann machen Sie folgendes:

1. Laden Sie sich den Texteditor Super NoteTab kostenlos aus dem Internet. Diesen finden Sie hier:
   http://www.notetab.com/notetab-light.php
2. Installieren Sie den Texteditor und öffnen Sie ihn anschließend
3. Kopieren/Tippen Sie ihre Beschreibung in Super NoteTab als Fließtext ein. Sollte der Text in einer langen Zeile angezeigt werden, dann klicken Sie auf das Symbol mit dem blauen W
4. Klicken Sie im oberen Menü auf
   Modify > Characters to HTML > Extended Characters
5. Super NoteTab hat nun alle nötigen Zeichen umgeschrieben. Kopieren Sie den neuen Text und fügen Sie diesen bei CS ein.
6. Klicken Sie bei CS erneut auf „Save"

7. Wiederholen Sie diesen Vorgang für den Titel und den Untertitel, sofern sich dort auch noch merkwürdige Zeichen drin befinden
8. Wenn alle Text richtig codiert sind, dann klicken Sie auf „Save & Continue"

ISBN?

Als nächstes müssen Sie festlegen, ob Sie eine eigene ISBN verwenden wollen oder nicht. Wenn Sie bereits eine ISBN haben, dann wählen Sie hier „Provide Your Own ISBN" aus. Die meisten Autoren werden aber keine eigene ISBN haben. Zumindest die nicht, die mein Buch gekauft haben. Das ist aber kein Problem, denn Amazon CreateSpace schenkt Ihnen ein. Das hat Vor- und Nachteile. Wenn Sie eine eigene ISBN verwenden, dann müssen Sie diese erst kaufen. Und bei einer deutschen ISBN dann dem VLB melden und jährlich Gebühren für Ihr veröffentlichtes Buch – also die Nutzung der ISBN zahlen. Wenn Sie eine ISBN von CS nutzen, dann ist diese für Sie kostenlos. Sie dürfen diese dann aber auch nur im Zusammenhang mit CS nutzen. Das bedeutet, dass Sie Ihr Buch in der gleichen Form nicht später mit der gleichen ISBN bei einer anderen Druckerei drucken lassen und verkaufen dürfen. Sie sind trotz der CS ISBN aber nicht mit Ihrem Gedankengut für immer an CS gebunden. Sollten Sie später Ihre Meinung ändern, dann ändern Sie einfach etwas in Ihrem Buch und verändern auch das Cover. Dann dürfen Sie es unter einer neuen eigenen ISBN woanders als neue Auflage veröffentlichen. Es darf nur nicht das gleiche Cover behalten, denn dann ist es zwar eine neue Auflage – behält aber die gleiche ISBN.

Egal welche Entscheidung Sie hier in diesem Dialog treffen – diese ist für dieses Projekt endgültig und kann später nicht mehr geändert werden. Sie könnten dann nur noch das Projekt löschen und neu erstellen. Ob das mit demselben Titel funktioniert, das kann ich Ihnen aber nicht garantieren. Ich habe es nicht ausprobiert.

Im nächsten Fenster wird nun Ihre ISBN-10 und ISBN-13 angezeigt. **Diese müssen in Ihrem Buch aufgeführt werden.** Darum sollten Sie sich diese nun notieren oder in einer Datei speichern. Oder Sie speichern Sie gleich in ihre Buchdatei dort, wo auch die Copyright-Hinweise und das Impressum stehen. Genauer komme ich noch später dazu. Wir machen erst einmal hier weiter und klicken auf „**Continue**"

Buchformat und Innenleben

Jetzt geht es ans Eingemachte. Wie soll Ihr Buch aussehen? Wie groß soll es sein? Was für ein Papier wollen Sie? Soll das Buch Innen in Farbe oder ins Schwarz-Weiß gedruckt werden? Nun müssen Sie sich entscheiden.

Wenn es sich bei Ihrem Werk um eine Roman oder ähnliches handelt, dann bietet sich ein Schwarz-Weiß-Druck an. Bei diesem können Sie das Buch später sehr viel günstiger anbieten, beziehungsweise: Sie verdienen mehr daran. Farbdruck ist verhältnismäßig teuer. Sie sollten also genau überlegen, ob ein Farbdruck für Ihr Buch nötig ist. Wenn Sie in dem Buch Grafiken oder Tabellen haben, dann können diese vielleicht auch in Graustufen gut aussehen. Bei einem Bildband oder Kinderbuch sollten Sie natürlich den farbigen Druck wählen.

1. Unter „**Interior Type**" wählen Sie nun „Black & White" für Schwarz-Weiß-Druck oder „Full Color" für Farbdruck. Die Auswahl hier betrifft nur die Innenseiten Ihres Buchs. Das Cover ist davon nicht betroffen.
2. Unter „**Paper Color**" wählen Sie „White" für weißes oder „Cream" für leicht gelbliches Papier. Für Romane, Biografien, etc. wird üblicherweise Cream genommen. Weißes Papier wird eher für Ratgeber und Dokumentationen verwendet. Letztendlich

bleibt diese Entscheidung auch wieder an Ihnen hängen. Dieses Buch ist auf weißem Papier gedruckt. Als Vergleich können Sie mein Buch „Aussteigerin aus Versehen" über Amazon bestellen. Das ist in der Cream-Version gedruckt. Wenn Sie Farbdruck gewählt haben, dann können Sie kein Cream-Papier auswählen. Damit schützt Sie CS von sich aus vor schlechter Darstellung Ihrer Fotos/Grafiken. Die würden auf dem Cream-Papier blass und unschön wirken.

3. Erst nachdem Sie Farbe und Papier gewählt haben, wählen Sie die Größe für Ihr Buch aus. Entweder können Sie das vorgeschlagene Maß übernehmen, oder sie klicken auf „Choose A Different Size" und wählen im nächsten Dialog die gewünschte Größe aus. Diese Buch hat das Maß 5" x 8"(12.7 x 20.32 cm)

4. Haben Sie das gewünschte Maß ausgewählt, dann können Sie sich dazu die passende Wordvorlage herunter laden. So ist gewährleistet, dass Ihre Druckvorlage passt.

Die Wordvorlage für Ihr Buch

Unter der Maßangabe steht nun „blank template" und „formatted template"

- „blank template" = ein leeres, aber fertig formatiertes Worddokument
- „formatted template" = ein fertig formatiertes Worddokument, das schon Kapitelüberschriften und Fülltext enthält.

Ich rate Ihnen dazu, sich das „formatted template" auf jeden Fall einmal anzuschauen. Auch wenn Ihnen die Schriftart oder der Stil vielleicht nicht gefällt, so enthält es doch wichtige Seiten am Anfang. Sie sehen dadurch, wie ein Buch aufgebaut sein sollte. Und wo Sie Ihre ISBN rein kopieren müssen. Sie können nun diese Vorlage verwenden und anpassen – oder Sie nehmen die leere Vorlage und erstellen die ersten Seiten selber. Enthält Ihr Buch Fotos oder andere Darstellungen, die bis zum Rand gehen sollen – also ohne den weißen Rand drum herum – dann muss die Vorlage noch angepasste werden.

Beim späteren Upload müssen Sie entscheiden, ob Ihre Vorlage mit oder ohne Bleed (=Beschnitt) ist. Bleed heißt „Bluten" – die Vorlage wird von CS am Rand beschnitten (und blutet dann virtuell). Wenn wir formatfüllende Fotos oder Grafiken haben, dann soll kein weißer Rand drum sein. Ich habe das bei meinem Buch „*Brot backen – gesund und günstig mit dem Brotbackautomaten*". Dort habe ich eine ganze Weile mit der Bleed-Einstellung gekämpft, bis ich es dann endlich raus hatte. Damit die Buchvorlage beschnitten werden kann, muss sie vorher vergrößert werden. An jeder Seite müssen noch genau 0,125 Zoll addiert werden.
1 Zoll = 2,54cm
Laut Dreisatz rechnen wir also 0,125 x 2,45 / 1 = 0,3175cm
Wollen Sie also so einen Beschnitt, dann gehen Sie wie folgt vor:

1. Öffnen Sie in Word das Menü Datei – Seite einrichten...
2. Addieren Sie in dem Register „Seitenränder" in den Feldern Oben, Unten, Links und Rechts jeweils 0,3175cm hinzu
3. Speichern Sie die Vorlage unter einem neuen Namen ab. Ich nenne Sie meist „Bleed_*dateiname von CS*.doc"

Aufbau des Buch-Innenlebens

Die ersten Seiten eines Buchs unterliegen gewissen Regeln. Ein Buch ist normalerweise nach folgendem Muster aufgebaut:

1. Der so genannte Schmutztitel = eine leere Seite oder eine Seite, die nur den Titel des Buchs in kleiner Schrift enthält
2. Der Fontispiz = die Rückseite des Schmutztitels. Hier steht meist eine Autoren-Biografie
3. Das Titelblatt = Titel und Autor + eventueller Verlag. Die Seite ist meist genau so formatiert, wie das Cover, aber ohne Grafik.
4. Das Impressum = die Rückseite vom Titelblatt. Hier stehen Angaben wie Auflage, Copyright, Verlag – und ganz wichtig für CS: die beiden ISBN. Fehlen diese hier, dann wird das Buch nicht von CS frei gegeben. Welche Angaben hier genau gemacht werden müssen, das ist abhängig vom jeweiligen Landespressegesetz. Ich kann und will hier keine Rechtsauskunft geben. Erkundigen Sie sich dazu gegebenenfalls unter presserecht.de. Im Internet wird in den einschlägigen Foren immer wieder darüber diskutiert, ob ein Impressum nötig ist oder nicht. Ich gehe bei meinen Büchern lieber kein Risiko ein und nenne stets eine vollständige Anschrift

5. Anschließen kommt das Inhaltsverzeichnis. Endet dieses auf einer rechten Seite, dann folgt eine Leerseite.
6. Danach folgt eine Widmung oder eine Einleitung oder der Beginn des Buchs.

Nun können Sie Ihren Text in die Vorlage einfügen. Wenn Sie eine automatische Silbentrennung in Ihrem Text haben möchten, dann müssen Sie diese nun noch einschalten. Standardmäßig ist sie in der Vorlage ausgeschaltet.

Automatisches Inhaltsverzeichnis erstellen

Haben Sie den Text im Word-Dokument fertig, dann sollten Sie vorne noch das Inhaltsverzeichnis einfügen. Word kann dieses automatisch für Sie erledigen. Dazu müssen alle Überschriften als „Überschrift 1" formatiert sein. Und die Überschriften eventueller Unterkapitel als „Überschrift 2" und so weiter.

Ich arbeite noch mit einer älteren Word-Version. Dort befindet sich diese Funktion unter Einfügen – Referenz – Index und Verzeichnisse. Das sollte auch in Ihrer Textverarbeitung zu finden sein. Dieser Ratgeber ist ja keine Word-Anleitung – deswegen werde ich das an dieser Stelle nicht weiter ausführen.

Ihr Buch konvertieren

Sie können das Buch in verschiedenen Versionen bei CS hoch laden. Unterstützt werden Worddokument, RTF-Datei oder PDF. Ich selber lade alle Dateien im PDF-Format hoch. Nur so bin ich sicher, dass alle Schriften auch richtig im Endergebnis umgesetzt sind. Bei der Umwandlung von Word nach PDF werden die Schriften mit in das Dokument eingebettet. Das kann man auch mit Word direkt machen – aber mir ist das zu unsicher. Ich rate Ihnen daher auch zur Umwandlung in eine PDF-Datei. Dazu benötigen Sie eine Software, mit der Sie in ein PDF drucken können. Ich benutze dazu die kostenlose Software FreePDF, die Sie sich aus dem Internet herunter laden können. Sie finden diese unter http://freepdfxp.de/

Bei der Umwandlung müssen Sie einiges beachten. Standardmäßig druckt Word in DIN A4 – auch wenn das Dokument ein anderes Format hat.
Nach der Installation von FreePDF XP erscheint das Programm beim Drucken in der Auswahl unter „Drucker". Zum Umwandeln in ein PDF gehen Sie nun wie folgt vor:

1. Wählen Sie in Word unter dem Menüpunkt Datei -> Drucken aus
2. Klicken Sie im ersten Dialog auf „Optionen ..." (Bei mir steht der Button unten links)

3. Entfernen Sie dort den Haken bei „Anpassen an A4/USLetter"
4. Bestätigen Sie diese Änderung mit „OK"
5. Wählen Sie unter „Papierformat skalieren" (steht bei mir unten rechts) in dem Klappmenü ganz unten „Benutzerdefiniert Seite" aus
6. Klicken Sie auf „Ok"
7. Es öffnet sich ein Dialog. Das kann je nach Größe des Dokumentes schnell gehen oder eine Weile dauern. Also Geduld. In diesem Dialog wählen Sie in unter „PDF-Profil" die Einstellung „High Qualitiy" aus. Geben Sie unter „PDF-Dateiname" den gewünschten Dateinamen an. Dort sollte nun schon der Name des Worddokumentes stehen, denn sie natürlich auch so stehen lassen können. Klicken Sie auf „Ablegen"

Das PDF wird nun an der gewünschten Stelle abgelegt und kann anschließend zu CreateSpace hoch geladen werden.

Ihr Buch bei CreateSpace hochladen

Wir gehen nun wieder zu Amazon CreateSpace und klicken dort bei „Interior File" auf „Datei auswählen". Im folgenden Dialog wählen wir die zuvor gespeicherte PDF-Datei aus. Sobald wir das getan haben, tauchen zwei Grafiken auf mit der Überschrift „Bleed". Hier sollen wir nun auswählen, welchen Beschnitt wir wollen.

- *Ends **after** the edge of the page:*
  Die Vorlage wird rundrum um 0,125 Zoll beschnitten. Sie kann auch Bilder enthalten, die bis an den Rand gehen. Daraus folgt, dass Ihre Vorlage logischerweise um diesen Rand erweitert sein muss.

- *Ends **before** the edge of the page:*
  Diese Einstellung wählen wir, wenn wir die Standardvorlage von CS benutzen. Die Vorlage muss dann genau in der vorgegebenen Größe sein. In meinem Fall also exakt 5x8 Zoll (=12.7 x 20.32 cm). Die Vorlage wird nicht beschnitten

Haben Sie die Datei und die Einstellung gewählt, dann klicken Sie auf „save". Die Datei wird nun hoch geladen. Das kann je nach Größe der Datei eine Weile dauern. Mein Brotbackbuch hat als PDF auf Grund der vielen Fotos 30 MB. Das Buch „Aussteigerin aus Versehen" hat keine Fotos und wurde sehr schnell hoch geladen. Auch hier ist wieder Ihre Geduld gefragt, denn der Server ist nicht besonders schnell. Nach dem Upload folgt ein automatischer Check. Der kann dann noch einmal eine Weile dauern. Am Besten ist: Sie holen sich einen Kaffee und warten entspannt ab.

Nach dem Upload können Sie schon mal einen virtuellen Blick in Ihr Buch werfen (nur in der Guided-Version, im Experten-Modus ist diese Voransicht nicht verfügbar). Klicken Sie auf den Button mit der Aufschrift „Launch Interior Reviewer". Obwohl ich immer die Vorlage von CS benutze, bekomme ich gelegentlich die Anzeige, dass die Größe nicht stimmt. Sollte Ihnen das auch passieren, dann zeigt CS das in einem Dialog an, nachdem Sie auf „get started" geklickt haben. Dort können Sie mit einem Klick auf das Symbol links die Größe automatisch anpassen lassen. Oder Sie ignorieren die Warnung und schließen den Dialog, indem Sie auf „close" oder „keep the original size" klicken. Dann werden Ihnen beim Durchblättern die Fehler angezeigt.

Sie können in der virtuellen Vorschau jederzeit zwischen Anpassen und Nichtanpassen wechseln. Klicken Sie dazu unten links auf den Button mit der Aufschrift „Auto-fix Trim Size". Probieren Sie ruhig ein wenig rum. Noch kann ja nichts passieren.
Verlassen Sie anschließend die Vorschau mit einem Klick auf „Go back and make changes"
Sie können auf dieser Seite so oft eine neue Datei hochladen, wie sie wollen. Es ist auch kein Problem, wenn sie es nicht in einem Rutsch schaffen – Sie können einfach morgen oder an einem anderen Tag weiter machen. Ihr Projekt bleibt auch nach dem Verlassen der Seite auf demselben Stand. Wenn Sie die Seite später wieder aufrufen, dann wählen Sie im Dashboard (=Startseite nach dem Einloggen) per Klick Ihr Buchprojekt aus. Dann klicken Sie auf „Interior" und machen einfach dort weiter, wo Sie aufgehört haben. Also: Bloß keinen Stress machen, wenn es mal nicht gleich so klappt, wie man gehofft hat.

Das Cover

Wenn Ihr Innenleben fertig ist und Sie mit der Ansicht in dem Reviewer zufrieden sind, dann ist es an der Zeit, sich um das Cover zu kümmern. Auch hier hilft Ihnen CS mit einer Vorlage.
Die Größe des Covers hängt von vielen Faktoren ab: Der Seitenzahl, der Buchgröße und dem Papier. Es gibt eine wilde Formel dafür, um die Maße genau zu errechnen. Die erspare ich Ihnen.
Rufen Sie dafür nur diese Seite auf: https://www.createspace.com/Help/Book/Artwork.do

Dort finden Sie einen praktischen Cover-Konfigurator. Geben Sie Papierart, Größe, Seitenzahl und Papierfarbe an und klicken Sie auf „Build Template"
Sie erhalten dann den Link zu einer Zip-Datei. In dieser sind zwei Vorlagen für Ihr Cover: einmal im PDF-Format und einmal als PNG-Datei. Diese Vorlage ist fantastisch und kann ganz einfach im Grafikprogramm Ihrer Wahl als Schablone benutzt werden. Die Vorlage ist selbsterklärend.

Ich habe lange überlegt, ob ich nun eine ausführliche Beschreibung zur Erstellung eines Covers mit in diesen Ratgeber aufnehme. Letztendlich habe ich mich dagegen entschieden. Aus ganz simplem Grund: Ich kann das nur sehr ausführlich oder gar nicht erklären. Wenn Sie Ahnung von Bildbearbeitung haben, dann brauchen Sie keine Anleitung. Haben Sie sich noch nicht mit Bildbearbeitung beschäftigt, dann würde eine Erklärung dazu den Rahmen dieses Ratgebers sprengen. Also lass ich es lieber gleich. Nur so viel zum Technischen: Auf der Vorlage ist ein Barcode-Feld angezeigt. An diese Stelle druckt Amazon CS später den Barcode zum Buch. Dort, wo der rote Rand ist, sollten keine wichtigen Daten oder Designelemente sein, da hier der Beschnitt ist.

Ansonsten kann ich Ihnen zur Covergestaltung nur raten:

Schauen Sie sich die Bestsellerlisten von Amazon an. Schauen Sie in die Kategorie, in der auch Ihr Buch stehen soll.

Wie sehen die Cover der anderen Bücher aus? Ein potentieller Käufer muss anhand des Covers schon erkennen, um welche Art von Buch es sich handelt. Sachbücher sind oft sehr schlicht, einfarbig und oft sogar weiß. Frauenromane meist rosa oder zumindest mit rosa Elementen. Horrorgeschichten haben oft ein dunkles Cover. Und so weiter.

Schauen Sie sich um und beobachten Sie sich dabei selbst. Achten Sie nicht auf die Titel und versuchen Sie nur anhand des Covers zu erraten, um was für ein Buch es sich handelt. Das schult ungemein. Aber lassen Sie sich nicht dazu hinreißen Teile eines Covers zu kopieren. Das kann teuere Folgen haben.

Das Cover hochladen

Das Cover können Sie nach Fertigstellung auf zwei Arten hoch laden. Entweder Sie erstellen eine PDF-Datei und laden diese direkt hoch – oder sie erstellen ein JPG und fügen das in eine Covervorlage ein. In beiden Fällen muss Ihr Cover 300dpi haben, sonst wird es von CS abgewiesen. Es kann im RGB oder CMYK-Farbraum erstellt sein. Ich benutze RGB und habe damit gute Erfahrungen gemacht. Braucht man aber einen exakten Farbton, dann bietet sich natürlich nur CMYK an. Wenn man zum Beispiel ein Firmenlogo auf dem Cover hat oder ähnliches.
Kommen wir also zum Upload des Covers. Klicken Sie in Ihrem Projekt links in der Menüleiste auf „Cover"
Nun haben Sie die Auswahl:

- **Build Your Cover Online**
  Hier können Sie aus vielen durchaus schönen Covervorlagen Ihr Cover zusammen basteln. Klicken Sie dazu erst auf den Kreis zum Auswählen und dann auf „Launch Cover Creator". Das Werkzeug ist sehr umfangreich und es macht Spaß damit zu experimentieren. Probieren Sie es einfach mal aus. Vielleicht bekommen Sie damit das für Sie perfekte Cover hin. Hier können Sie auch ein Cover auf Basis eines eigenen JPGs erstellen. Gehen Sie dazu bei den Vorlagen

auf die Seite 4 und wählen Sie das Template „The Pine" aus. Das enthält von CS nur das Barcodefeld. Hier können Sie nun eine JPG hoch laden. Diese Funktion habe ich für alle meine Notizbücher und Kalender benutzt und damit sehr schöne Ergebnisse erzielt.

- **Professional Cover Design**
  Zu diesem Punkt kann ich nicht viel sagen. Man kann sich für 149$ von CS ein Cover erstellen lassen. Wobei dass nur das „Startgeld" ist. Ein Unique Book Cover – also ein einmaliges Layout – ist ab 349$ erhältlich. Dafür muss man viele Bücher verkaufen.

- **Upload a Print-Ready PDF Cover**
  Hier lädt man ein fertig designtes Cover im PDF-Format hoch. Diese Funktion benutze ich für meine Bücher. Ich erstelle meine Cover alle selber mit Photoshop und speichere sie dort als PDF-Datei. Ich sage nicht, dass dieser Weg besser ist, als der Upload als JPG. Es ist für mich nur der einfachere Weg, da ich nicht nur Autorin, sondern auch Grafikerin bin. Gern nehme ich auch Aufträge zur Covergestaltung an ;) Senden Sie mir dazu einfach eine Mailanfrage an hl@weedoo-it.de
  (Website: www.weedoo-it.de)

Wenn Sie das Cover fertig gestellt und hoch geladen haben, dann werden die Daten erst einmal von CS geprüft. Nun ist Geduld gefragt. Viel Geduld. Die Prüfung wird nicht automatisiert durchgeführt, sondern von echten Menschen vorgenommen. Es wird zum Beispiel unter anderem auch geprüft, ob die ISBN-Angaben im Buch vorhanden und richtig sind. Ob der Autorname auf dem Cover der gleiche Name ist, wie der, welcher im Impressum steht. Und ob die Dateien so in Ordnung und druckbar sind. Das kann bis zu 48 Stunden dauern. So lange steht Ihr Buch im Dashbord auf „in Process".
In der Zwischenzeit können Sie sich mit der finanziellen und der steuerrechtlichen Seite der Publizierung beschäftigen.

Zahlungseinstellungen

Wenn Sie Bücher über Amazon CS verkaufen, dann bekommen Sie dafür Tantiemen. Diese zahlt Amazon auf Ihr Konto. Dazu müssen Sie nun aber auch ein Konto angeben. Ohne diese Angabe können Sie keine Bücher publizieren. Spätestens jetzt müssen Sie hier die nötigen Angaben machen.

1. Klicken Sie im oberen Menü auf Account - Royalty Payment Profile
2. Wählen Sie unter Country „Germany" aus
3. Gebe Sie bei „Payee Name" Ihren Namen ein
4. Tragen Sie unter „Address" Straße und Hausnummer Ihrer Adresse ein
5. Gebe Sie unter „City" Ihren Wohnort an
6. Geben Sie unter „Postal Code" Ihre Postleitzahl ein
7. Geben Sie unter „Province" das Bundesland ein

Payment Information

Unter Payment Information können Sie nun zwei Zahlarten auswählen.

Direct Deposit = Überweisung
Das bedeutet, Ihre Tantiemen werden auf ein Bankkonto überwiesen. Eine Auszahlung erfolgt bereits ab einem Betrag von 10,00€. Wählen Sie diesen Punkt aus, so müssen Sie anschließend in den Feldern darunter die IBAN und SWIFT von Ihrem Bankkonto angeben. Das ist sozusagen die Bankleitzahl und Kontonummer für den ausländischen Geldtransfer. Wenn Sie diese beiden Angaben nicht wissen, dann fragen Sie bei Ihrer Bank nach. Oder loggen Sie sich online in Ihr Bankkonto ein. Dort stehen die Angaben meistens irgendwo. Für die Überweisung müssen Sie hier nun noch die Kontoart angeben:
Checking = Girokonto, **Savings** = Sparkonto

Check = Scheck
Wenn Sie diese Option auswählen, dann erhalten Sie Ihre Tantiemen per Scheck. Ausgezahlt wird per Scheck aber erst ab einem Betrag von 100€. Haben Sie den noch nicht eingenommen, so bleibt das Geld so lange bei Amazon CS liegen, bis Sie die 100€ voll haben.

Tax & Business Information

Bei diesem Punkt bricht den meisten nun doch der Schweiß aus. Aber keine Panik: Alles nicht so schlimm. Die geforderte Tax Identification Nummer (= TIN = amerikanische Steuernummer) brauchen Sie nur, wenn Sie Einnahmen über den US-Store generieren. Und auch dann nur, wenn Sie Ihre Einnahmen abrufen wollen. Haben Sie keine TIN, dann sind Ihre Tantiemen aus den USA eingefroren. Sie gehen Ihnen aber nicht verloren.

In der Regel werden deutsche Bücher im US-Store kaum gekauft. Sollten Sie aber ein englisches Buch schreiben oder eines, dass auch für den amerikanischen Markt interessant ist, dann können Sie einfach eine TIN beantragen. Das kostet nichts und schadet auch nicht. Ich persönlich werde auch eine anfordern. Man weiß ja nie was noch kommt. Sie können die TIN per Telefon, Fax oder Post anfordern. Vorlagen und Hilfe finden Sie dazu unter folgendem Link: http://bit.ly/NF4IQx

Das Feld Tax Reporting Name muss ausgefüllt werden, damit Sie die Zahlungseinstellungen speichern können. Tragen Sie hier vorerst einfach Ihren Namen ein.

Unter Business Type wählen Sie als Selbstverleger „Individual" aus und speichern Sie die Einstellung anschließend, indem Sie auf „Save" klicken.

Verkaufspreis und Gewinn ermitteln (Distribute)

Vertriebskanäle festlegen (Distribute –> Channels)

Nun geht es ans Geldverdienen. Ihr Buch ist zwar noch nicht frei geschaltet, aber wir können ja trotzdem schon mal den Preis einstellen.
Klicken Sie auf „Member Dashoard" und dort auf Ihr Projekt. Nun sehen Sie oben wieder die Leiste mit allen Funktionen und Einstellungen. Einige haben bereits einen grünen Haken = sie sind fertig. Die mit dem Stop-Schild müssen noch erledigt werden. Und bei einem gelben Achtung-Schild ist Ihr Eingreifen notwendig. Es befindet sich also ein Fehler in den Einstellungen. Die Uhr zeigt an: Hier ist was in Arbeit. Das betrifft Sie dann nicht, sondern CS. Sie müssen auf die Fertigstellung seitens CS warten.
Gehen Sie nun im Kasten „Distribute" auf „Channels". Dort können Sie auswählen, wo Ihr Buch verkauft werden darf/soll.

- **Amazon.com**
  Ihr Buch wird unter Amazon.com gelistet. Sie erhalten die Tantiemen in US-Dollar

- **Amazon Europe**
  Ihr Buch wird auf Amazon.co.uk, Amazon.de, Amazon.fr, Amazon.it und Amazon.es gelistet. Hier erhalten Sie die Tantiemen in Euro. Gedruckt wird im jeweiligen Land, so dass bestellte Bücher über Amazon Prime (= Lieferung am Folgetag) verkauft werden können. In Deutschland werden die CS-Bücher derzeit in Leipzig gedruckt und von dort aus verschickt.

- **CreateSpace eStore**
  Dieses ist der Store von CreateSpace selbst, bei dem Sie auch Ihre Autorenexemplare bestellen können. Allerdings werden die Bücher dann in den USA gedruckt und die Tantiemen in Dollar berechnet.

~~Ich biete meine Bücher derzeit nur über Amazon Europe an. Vielleicht ändert sich das ja mal, zurzeit sehe ich aber noch keine Sinn darin meine Bücher in den USA anzubieten.~~ Diese Aussage von mir muss ich inzwischen revidieren. Ich verkaufe meine Bücher inzwischen auch im Ausland. Besonders mein Brot-Backbuch erfreut sich in den USA und in Großbritannien großer Beliebtheit. Unter „Expanded Distribution" können Sie noch weitere Vertriebskanäle dazu buchen, die für den Vertrieb in Deutschland aber uninteressant sind. Darum gehe darauf in diesem Ratgeber nicht weiter ein.

Preise festlegen und Gewinn ermitteln (Distribute –> Pricing)

Haben sie die Vertriebskanäle festgelegt, dann kann es nun an die Kalkulation gehen. Hier müssen Sie zwingend einen Preis in Dollar bei „USD" eingeben. Auch wenn Sie gar nicht in den USA verkaufen. Ansonsten können Sie bei Euro keine Eingabe machen. Den Pfund-Preis können Sie auf Basis des eingegebenen Dollarpreises berechnen lassen. Haken Sie dafür das Kästchen vor „Yes, suggest a GBP price based on U.S. price" an.

ACHTUNG: Das Kästchen vor "Yes, suggest a EUR price based on U.S. price" sollten Sie auf jeden Fall deaktivieren und den Euro-Preis manuell eingeben. Ansonsten würde der Buchpreis auf Amazon.de täglich dem Dollarpreis angepasst. Und das könnten die Wächter der deutschen Buchpreisbindung Ihnen übel nehmen. Ich gebe auch hier keine Rechtsauskunft, rate Ihnen aber zu einem festen Buchpreis, der sich nicht selbstständig ändert.

Den Preis müssen sie in Netto und mit einem Punkt statt Komma eingeben.
Beispiel: mein Buch „Aussteigerin aus Versehen" soll 7,80 € kosten. Davon muss ich 7% Mwst. abziehen:

7,80 / 1,07 = 7,289719626168224

Nun habe ich am Anfang den Fehler gemacht und vor der Eingabe aufgerundet. Ich gab also 7.29 als Nettobetrag an (was mir nach wie vor logisch erscheint). Wenn ich die Kontrollrechnung 7,29 x 1,07 mache, dann kommt 7,8003 heraus. Dachte ich.
Leider musste ich feststellen, dass Amazon CS irgendwie anders rechnet, denn mein Buch wurde mit 7,81€ gelistet. Also änderte ich den Netto-Preis auf 7.28.
Sie können den Preis später ohne Probleme korrigieren. Sie sollten aber nicht ständig damit hoch und runter gehen, da dieses wieder zu rechtlichen Problemen führen kann. Es dauert dann eine Weile, bis die Änderung auf Amazon.de angezeigt wird.
In dem blau umrandetem Feld rechts sehen Sie nach dem Klicken auf „Calculate" den Betrag, den Sie pro verkauftes Buch gut geschrieben bekommen. Abhängig von der Seitenzahl und dem Format gibt es einen Mindestpreis, unter dem Sie nicht eingeben können. Ist ja auch logisch, dass Sie einen Farbbildband zum Beispiel nicht für 5€ drucken lassen können.
Wenn Sie mit der Kalkulation/Eingabe fertig sind, dann schließen Sie den Dialog mit Klick auf „Save & Continue" ab.

Die Beschreibung (Distribute –> Description)

1. **Description**:
   In diesem Bereich geben Sie die Buchbeschreibung ein. Ich nehme dafür den Klappentext. ~~Hier sollte bereits der Text eingefügt sein, denn wir anfangs unter Titel eingegeben haben. Warum dieser Dialog hier auch noch einmal erscheint, das erschließt sich mir auch nicht.~~ Das wurde von Amazon zwischenzeitlich korrigiert. Der Beschreibungstext wird nun nur noch an dieser Stelle eingegeben.

2. **BISAC Categorie**:
   Hier suchen Sie die Kategorie aus, in der Sie Ihr Buch listen möchten. Damit habe ich mich bei meinem ersten Buch ein wenig schwer getan. Bei dem Brotbackbuch war es einfach. Das habe ich in die Kategorie Cooking / Methods / Baking gepackt. Bei nicht so eindeutigen Buchtiteln kann das Finden der richtigen Kategorie zu einer schweren Entscheidung werden. Sie können hier nur eine einzige Kategorie auswählen. Keine Sorge: Sie können diese später jederzeit noch einmal verändern. Auf jeden müssen Sie eine der Kategorien wählen – welche auch immer.

3. **Author Biography**:
   Hier können Sie eine Autorenbeschreibung einfügen. Ich persönlich tue mich damit noch ein wenig schwer und so ist das Feld bei meinen Büchern noch nicht ausgefüllt. Das finde ich ärgerlich. Sollten Sie eine Autorenbeschreibung von sich haben, dann gehört diese hier auf jeden Fall rein. Sie können das aber auch später irgendwann nachholen, sollte ihnen spontan nichts einfallen.

4. **Book Language**:
   hier wählen Sie die Sprache aus, in der Ihr Buch geschrieben ist.

5. **Country of Publication**:
   Wenn Sie einen CreateSpace ISBN verwenden: Wählen Sie die Vereinigten Staaten als Land der Veröffentlichung. Wenn Sie Ihre eigenen ISBN verwenden: Wählen Sie das Land aus, in der Sie die ISBN gekauft haben

6. **Publication Date**: Hier können sie ein Veröffentlichungsdatum eingeben. Dieses muss aber in der Vergangenheit liegen. Zukünftige Daten können nicht ausgewählt werden. Wenn sie das Feld frei lassen, dann trägt CS automatisch das Veröffentlichungsdatum ein. Ich lasse das

Feld immer automatisch füllen.

7. **Search Keywords**:
Geben Sie hier fünf Stichwörter ein, unter denen Ihr Buch gefunden werden soll. Diese werden durch ein Komma getrennt eingegeben. Es kann sich dabei um einzelne Wörter oder Phrasen handeln. Beispiel: Ich könnte bei meinem Backbuch „brot,backen,rezepte" eingeben, aber auch „brot backen, rezepte für brot". Hier sollten Sie genau überlegen, wonach Ihre Zielgruppe suchen könnte. Keine einfache Entscheidung.

8. **Contains Adult Content**:
Klicken Sie dieses Feld nur dann an, wenn der Inhalt Ihres Buchs nur für Erwachsene bestimmt, also frei ab 18 Jahre ist.

9. **Large Print**:
Dieser Punkt steht für Großschrift. Im Allgemeinen ist damit eine Schriftgröße über 16 Punkt gemeint.

Wenn Sie alles ausgefüllt haben, dann klicken Sie auf „Save & Continue"

Überprüfung und Freigabe (File Review - Proof Your Book)

Irgendwann ist die Überprüfung seitens CS abgeschlossen. Sie erhalten zur Bestätigung eine E-Mail und die Uhr vor „File review" wurde gegen einen grünen Haken getauscht. Nun können Sie sich Ihr Buch das erste Mal virtuell und in 3D ansehen. Klicken Sie dazu auf „Proof Your Book". Dort können Sie den „Digital Proofer" aufrufen. Und das ist das Beste an CreateSpace überhaupt! Sie können durch Ihr Buch blättern und es sogar drehen. Das ist einfach nur klasse.

Oben rechts befinden Sich drei Symbole, mit der Sie in die verschiedenen Ansichten wechseln können. Probieren Sie diese einfach mal aus. Unten links ist ein Button, über den Sie sich die Druckversion als PDF herunter laden können. Ob das hilfreich ist oder nicht, darüber lässt sich streiten. Mir hat bisher die Anzeige gereicht.

Zum Schließen des Fensters klicken Sie unten rechts auf „Exit Digital Proofer"

Sind Sie zufrieden mit dem Ergebnis? Dann können sie das Buch nun über „Approve" frei geben. Andernfalls ändern Sie Ihre Druckvorlage und laden Sie diese erneut über den Menüpunkt „Setup" -> „Interior" hoch. Nun beginnt das Spiel von neuem.

Nach der Druckfreigabe kann es dann wiederum Tage dauern, bis Ihr Buch auf den Amazon-Seiten gelistet ist. Das erfordert erneut Geduld. Aber wenn es dann gelistet ist, dann kann es auch sofort bestellt werden.

Ich habe mein erstes Buch sofort an dem Tag bestellt, als es auf Amazon.de gelistet war. Am nächsten Tag wurde es mir vom Postboten überreicht. Ich finde das faszinierend. Und die Qualität ist überzeugend – da gibt es nichts zu meckern.

Kindle Version erstellen (Publish On Kindle)

Wenn Sie Ihr Buch auch als Kindle E-Book anbieten wollen, wozu ich rate, dann können Sie hier auch eine entsprechende Datei hoch laden. Ich hatte für meine Bücher bereits eine Kindle-Version. Sollte das bei Ihnen auch so sein, dann klicken sie unter „Publish On Kindle" auf *„I already have a Kindle version."* Dann werden das Buch und das E-Book miteinander verknüpft. Die Rezensionen vom E-Book werden für das Buch übernommen. Bis das geschieht können allerdings wiederum ein paar Tage vergehen. Damit das klappt, müssen Titel und Autor vom Buch und E-Book gleich sein.
Sollten Sie noch keine Kindle-Version publiziert haben, dann können sie hier ein hochladen. Dafür sollten Sie aber Ihr Worddokument komplett umformatieren. Das für das Buch formatierte Dokument können Sie hierfür nicht verwenden. Das wäre auf dem Kindle nicht lesbar. Und das ist ein so komplexes Thema, dass ich dazu einen eigenen Ratgeber geschrieben habe. Diesen finden Sie nach Veröffentlichung auf meine Autoren-Seite unter: http://www.amazon.de/-/e/B008WC9YVY

Belegexemplare bestellen

Sobald Ihr Buch veröffentlicht ist, können Sie sich zu einem sehr günstigen Preis Autoren-Exemplare bestellen. Der Buchpreis ist für Sie als Autor sehr günstig. Allerdings sind die Versandkosten sehr hoch, denn Sie können diese Exemplare nur im CreateSpace-Store in den USA bestellen. In der Übersicht – dem Member Dashboard – stehen nicht nur die Verkäufe. Hinter jedem Buch ist auch ein Link mit der Aufschrift „Order Copies". Darüber können Sie sich Exemplare zuschicken lassen.
Der Preis für die Exemplare wird nur durch Papierart, Größe und Seitenzahl bestimmt. Unabhängig davon, ob Sie Ihr Buch für 10€ oder 50€ anbieten.
Was diese Exemplare kosten, das können Sie vorab errechnen lassen.
Hier gibt es einen Rechner dazu:
https://www.createspace.com/Products/Book/#content6
Auch die Versandkosten können über den Kalkulator berechnet werden. Trotz der hohen Versandkosten ist der Preis pro Stück meist trotzdem noch günstiger, als wenn Sie Ihr Buch selber über Amazon.de kaufen. Auch wenn ich natürlich immer gleich eines für mich dort ordere, sobald es erschienen ist. Ich denke: Sie werden es schon aus Neugier genau so machen.

Abschluss

Ich hoffe, ich konnte Sie erfolgreich durch die ganze Prozedur führen. Hat Ihnen dieser Ratgeber gefallen? Dann freue ich mich über eine nette Bewertung bei Amazon.de

Haben Sie Fehler entdeckt? Dann senden Sie mir eine E-Mail an ratgeber@miradea.de

Weitere Bücher und E-Books von mir finden Sie unter http://books.dieimwaldlebt.de

Wollen sie mehr über mich erfahren?
Dann besuchen Sie meinen Blog unter dieimwaldlebt.de oder kaufen Sie meine Biografie „Aussteigerin aus Versehen" – ich freue mich darüber ☺

www.ingramcontent.com/pod-product-compliance
Lightning Source LLC
Chambersburg PA
CBHW061519180526
45171CB00001B/250